AF562649

LETTRE

A

MESSIEURS LES HONORABLES,

PAR L'AUTEUR

DES PETITES INSTRUCTIONS POPULAIRES

SUR

LES HOMMES ET LES FAITS DE NOTRE TEMPS.

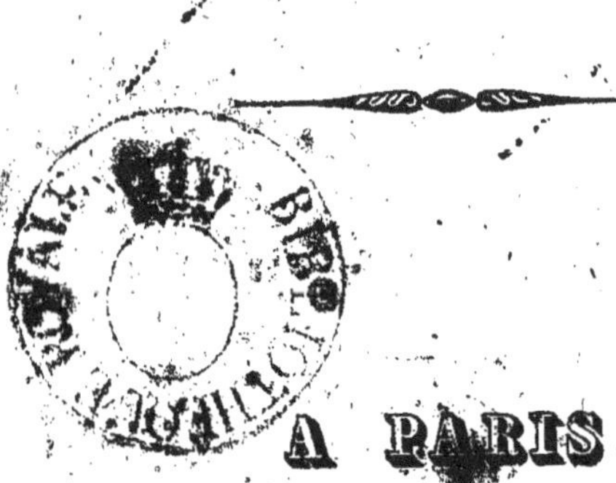

A PARIS,

CHEZ
- L'AUTEUR, rue Neuve-Saint-Étienne, n° 5, en face du Gymnase;
- ROUANET, libraire-éditeur, rue Verdelet, n° 6, près la Poste aux lettres;
- GRIMPELLE, libraire, rue Poissonnière, 21;
- Et chez tous les libraires du Palais-Royal.

1832.

LETTRE

A

MESSIEURS LES HONORABLES.

MESSIEURS,

C'est humblement que je vous prie de me pardonner la liberté étrange, où il me prend fantaisie de me jeter pour le quart-d'heure, à savoir, de vous adresser ce petit bout d'épître, lequel, Dieu aidant, j'espère que vous ne refuserez pas de lire, ne fût-ce que pour vous désennuyer, en attendant que le fauteuil à trôner soit rempli par qui de droit. Peut-être aussi se trouvera-t-il parmi *Vos Honneurs* quelque âme charitable, qui, prenant en pitié mon incertitude et mes craintes de l'avenir, voudra bien me répondre et me tranquilliser par un ou deux mots de reconfort; et de cela, je lui en aurai une grande reconnaissance, car, je l'avoue, je suis en ce moment fort empêché de deviner ce que vous allez faire et ce que nous allons devenir tous ensemble; chose que je tiens beaucoup à connaître, bien que je ne sois ni rentier, ni joueur à la hausse ni rien, sinon un pauvre diable mettant du noir sur du blanc et aimant assez à rire des sottises d'autrui; ce pourquoi, en bonne justice, je devrais adorer le pouvoir, qui, l'un dans l'autre, me donne suffisamment de joie pour mes trois cent soixante-cinq jours de l'année; mais..... suffit, je reviens à mon point.

Or, comme je le disais à *Vos Honneurs*, ce dont je suis grandement empêché pour l'instant, c'est de savoir les résolutions que vous allez prendre dans votre sagesse. De compte fait, vous voilà en présence d'une guerre générale, d'un ministère dont personne ne veut, excepté ceux qui l'ont nommé ou ceux qui en font partie; d'une duchesse qu'il faut juger, d'une charte trois fois violée, d'une volonté qui s'est déclarée immuable, et de la France passablement fatiguée de ce gâchis. Ce n'est encore le tout: derrière ces faits, il y a les conséquences qu'il ne faut pas oublier; et, sauf erreur, m'est avis, qu'au bout de cette guerre générale conduite par les habiles de la doctrine, une belle et bonne restauration pourrait bien se trouver; que derrière la violation de la charte restée impunie, et l'immuable volonté à laquelle vous auriez cédé, il y a le despotisme en corps et en âme; puis enfin derrière la France ennuyée, une révolution, qui, cette fois, pourrait bien ne pas se borner à changer le saint de la paroisse. C'est à méditer; et, pour ma part, je n'y réfléchis pas sans grande perplexité; non que je n'aie une haute confiance en vos lumières, mais j'ai vu tant de vos bonnes intentions réduites à zéro, ou pire encore, qu'après avoir retourné la question sous tous les points de vue, je ne me trouve pas plus avancé que la veille, et je suis encore réduit à répéter : « Que vont faire messieurs les honorables, et que deviendrions-nous?

A cette question que j'adresse indistinctement à tout venant, ce qui fait ébahir bien des gens, je vous assure, un mien voisin se prit hier à me répondre : « —Vous voilà bien empêché et probablement nos honorables ne le seront pas moins. —Hélas, dis-je, en faisant des yeux blancs, j'en ai peur. —Cependant, de quoi s'agit-il? d'une question fort simple à résoudre. —Il y a pourtant quinze jours que je cherche le mot. —Le voici : vouloir, et ne pas se laisser effrayer par des terreurs d'enfant. Ecoutez. » Je me rapprochai de lui et lui prêtai toute mon attention.

« Je commence, me dit-il, par faire abstraction des différentes nuances qui divisent les députés; je leur suppose trop de patriotisme pour s'occuper de petites querelles quand il s'agit d'arracher l'Etat des mains de la doctrine qui le mène au néant; pour moi, donc, la chambre entière est une masse de citoyens, bien pénétrés de leur mission et de la nécessité d'en finir avec l'intrigue et l'incapacité.

» Maintenant un fait existe, la guerre générale est commencée; dût encore le discours de la couronne nous assurer le contraire, nous devons nous tenir pour convaincus. Mais cette grande lutte doit-elle tant nous étonner? n'a-t-elle pas été prédite depuis deuxans? à la vérité, le pouvoir la niait, et aujourd'hui ce sera en demandant pardon aux rois de son courage, qu'il l'a poursuivra. Que reste-t-il à faire à la chambre? S'élever à la hauteur des circonstances; accepter la guerre franchement, hardiment, sans s'occuper des petits intérêts, des petites répugnances; d'ailleurs; porter à la tête des affaires, non les hommes les plus agréables à la royauté et à la sainte-alliance, ou qui peuvent le mieux pérorer à la tribune, mais ceux dont l'énergie sera au niveau du péril et dont la voix aura du retentissement parmi les masses qu'il s'agit de réveiller, et bientôt peut-être d'appeler aux armes.

Je reculai, il reprit :

« Ce premier devoir rempli, restera la charte à venger, la charte si indignement violée. Eh bien! pourquoi la chambre reculerait-elle devant cette obligation? La loi ne doit-elle pas être sacrée pour tous? Qui donc la devra respecter si le pouvoir peut la méconnaître au gré de ses caprices ou de ses intérêts? Que la législature se souvienne qu'une première impunité enhardit à un second attentat; et que, si une chambre timorée n'eût pas laissé Villèle impuni, Polignac eût moins osé. Quant à la volonté qui s'est déclarée immuable, on doit lui rappeler qu'il ne saurait y avoir en France d'immuable que la loi; que cette loi impose au pouvoir l'obligation de s'inspirer des vœux du pays, exprimés par ses représentans; que, créé pour commander aux citoyens isolés, son prémier devoir est d'obéir à la volonté générale de la nation; qu'en un mot, toute déclaration d'immuabilité est une proclamation de despotisme, de droit divin; une insulte au sang des barricades, et pour preuve de cette vérité, pour qu'on ne l'oublie plus à l'avenir, il faut que les députés imposent un nouveau système politique, qu'ils l'imposent avec la ferme volonté d'être écoutés, quelles que soient les résistances dont on les menace; car si l'on osait lutter (ce que nul ne peut croire), si de nouveaux orages devaient naître d'une obstination inqualifiable; cette fois, la chambre instruite par l'expérience du passé, saurait diriger la tempête au profit du pays, tandis qu'en cédant à d'illégales exigences, c'est encore une révolution qu'on appelle; mais une révolution sans foyer dirigeant, et devant entraîner dans sa lave, royauté, chambres, tout ce qui l'aura imprudemment provoquée. Je sais bien qu'en suivant cette marche, les députés seraient accusés d'ambition, qu'on leur reprocherait de réduire la royauté à n'être rien; c'est possible, mais à qui la faute? la majorité na-t-elle pas eu assez de patience et de dévoûment? et si on n'a usé de sa confiance que pour compromettre le pays, violer la constitution; si la royauté est sortie la première des bornes qui lui sont assignées, faut-il que, par respect pour une légalité qui n'existe plus, qui ne peut plus même exister, telle que la charte de 1830 l'avait entendue, les députés laissent périr l'Etat? Il y a un beau rôle pour eux, un rôle immense à remplir, qu'ils ne le désertent pas; que, volontairement, et pour l'amour de je ne sais quelles convenances, ils ne consentent point à s'effacer lorsqu'ils peuvent tout guider, tout conduire, tout sauver; qu'ils songent, enfin, que tôt ou tard, la fortune fait expier ses faveurs dédaignées, et qu'un jour vient où les nations plaçent sur la même ligne, et le mal qu'on a fait, et le bien qu'on pouvait, mais qu'on n'a pas su faire.»

Et le voisin allait, allait!..... pourtant je ne l'écoutais plus, une réflexion m'avait saisie; c'est que ledit voisin, ne payant pas les 500 fr. de rigueur, ne devait par conséquent rien entendre à la politique; j'en eus regret; car c'était une solution mauvaise, si l'on veut, mais toujours meilleur que rien. Je m'adressai ailleurs, c'était à un des vôtres : il me répondit qu'aucun plan n'était arrêté, qu'on attendait à connaître la marche du ministère. « —Aucun plan arrêté!... et cependant voilà l'heure de la bataille qui sonne, vous allez être pressés, entourés, cajolés, harangués, et, si Dieu ne vous prête assistance, infailliblement entraînés dans le guépier de la doctrine, car le piége est bien dressé; jugez-en :

» D'abord ce sera le discours de la couronne, la grande thèse de rhétorique, où les phrases à effet abonderont et dans lequel on vous annoncera les mesures coërcitives prises contre la Hollande, le concours de l'Angleterre, et l'occupation de Wenlo par la Prusse, pour garantie de toute velléité ambitieuse de notre part; à cela sera jointe la promesse positive qu'aussitôt Anvers occupé, l'armée rentrera en France, fière d'avoir assuré le repos de l'Europe. (Premier bienfait de la doctrine.)

Ensuite, on vous dira comme quoi, la république ayant osé lever la tête en juin, la république s'est trouvée enfoncée. (Premier triomphe de la doctrine et de l'immuable volonté.)

Comme quoi aussi, la duchesse de Berri ayant

été arrêtée, tous les chouans sont incontestablement morts et enterrés. (Deuxième triomphe de messieurs.)

Puis viendront l'industrie qui se relève, les travaux qui s'ouvrent et la diminution du pain. (Deuxième bienfait.) Puis, enfin, la péroraison sacramentelle, où l'on prouvera que tout va pour le mieux dans la meilleure des monarchies possibles. Quant aux petites illégalités qu'on s'est permises, il n'en sera question qu'à peine et encore seront-elles noyées au milieu des grandes épithètes dont on gratifiera la république, et de manière qu'il n'en reste aucune pour le carlisme. Or, à cette énumération de prospérités, de triomphes et de bienfaits, débités avec cet air paterne et bonhomme que vous connaissez, le moyen que vous ne soyez pas émerveillés, attendris, subjugués; du moins ne se fera-t-on faute de rien pour y réussir; je ne vous garantirai même pas qu'on ne pleurât quelque peu sur la terrible charge qu'on s'est imposée; cependant, si tout cela ne vous fait ni chaud ni froid, et le seigneur le veuille, on vous livrera la seconde bataille, la bataille de la présidence.

» Du jour où la grande thèse vous sera récitée jusqu'à celui où vous pourrez donner au fauteuil un nouvel occupant, on a compté qu'il doit au moins s'écouler une semaine; elle ne sera point perdue pour la manœuvre, et comme dans notre système les hommes représentent les partis, c'est entre MM. Laffitte et Dupin que la question s'agitera. Cette personnification est, à mon sens, une chose fort adroite de la part de la doctrine, car tel d'entre vous qui reculerait indigné, s'il lui fallait voter pour le canapé, laissera peut-être tomber une boule complaisante pour l'avocat célèbre; on se croit tenu à tant d'égards envers un collègue de talens! A ce piége, on joindra, comme supplément de prévoyance, les confidences secrètes, les calomnies bien noires sur la position de M. Laffitte, que charitablement on vous représentera en état de faillite, quelques-uns ajoutant : *C'est dommage!* d'autres, le suffisant : *J'en étais sûr!* le tout afin de le remercier d'avoir fait un roi; la reconnaissance est toujours un devoir.

» Mais ce sera surtout à ceux d'entre vous qui ont le bonheur insigne d'être reçus au château, qu'il faudra une conscience à l'épreuve de la séduction; car Dieu sait que de sourires, de poignées de mains et d'invitations à dîner s'en vont pleuvoir sur eux! puis, on les prendra à part, on se montrera lassé, fatigué; pourtant n'est-ce pas pour le bien général qu'on travaille? la nation et la couronne n'ont-elles pas un même intérêt? pourquoi donc cette défiance, cette haine contre

le ministère qu'elle a choisi? ne doit-on pas comprendre qu'elle a eu d'invincibles raisons pour faire ce choix? et puis, un peu plus bas, comme dans le secret du cœur, on fera sentir que la doctrine a été imposée par l'alliance anglaise, qu'elle seule peut nous la conserver; qu'on ne tient pas précisément aux doctrinaires, gens par trop suffisans, et outrecuidans; seulement laissez la question belge se décider et l'on saura bien les renvoyer à leurs bancs de la Sorbonne; mais que jusque-là accepter M. Laffitte, c'est forcer la couronne à se jeter aux mains des libéraux, lesquels aujourd'hui que la guerre est commencée, ne manqueraient point de reprendre la propagande, et de nous conduire, un peu plus tard, droit à la république en passant par la lanterne, etc., etc. Et si pendant ces royales cajoleries, quelque petit incident vient embrouiller la guerre de Belgique, on en profitera encore pour représenter la doctrine comme indispensable, comme pouvant seule empêcher la question de se compliquer d'un plus grand nombre de répugnances étrangères; et l'on espère que ce raisonnement sans réplique, selon messieurs d'en haut, ne saurait manquer de vous séduire; de fait, j'en connais d'entre vous qui, infailliblement, en tomberont en admiration.

Cependant il se peut qu'elle ne soit pas si

générale et si profonde qu'on l'espère, et que le pouvoir ne se voie contraint à quelques concessions ; dans ce cas, vous aurez un replâtrage, à savoir M. Dupin et consorts. Je sais bien que c'est une combinaison à laquelle plusieurs honorables croiraient pouvoir se rallier; à cela, il n'y a qu'un tout petit inconvénient, une misère, si vous voulez, c'est que la combinaison est impossible.

C'est un grand avocat que M. Dupin, un puissant orateur; mais de la politique, il faut bien convenir qu'il n'y entend guère; or, comment s'y prendra-t-il pour mener les affaires du dehors au milieu des incidens qui peuvent surgir à chaque heure, à chaque coup de canon? D'ailleurs, un ministère vous le savez bien, doit représenter quelque chose, une idée, un système: que représentera le célèbre avocat? Le 13 mars? le moyen; M. Dupin aurait beau faire, je le défie de nous redonner la légalité et la paix à tout prix. Ce sont choses mortes et décidément mortes depuis le 7 juin, et l'entrée en campagne, et Dieu lui-même ne pouvant empêcher ce qui a été, tout bonnement le nouveau ministre en serait réduit à faire de la doctrine (on le sait bien), et encore la ferait-il mal : d'abord parce que ce n'est point entièrement sa manière de voir, et qu'on ne suit bien que les plans qu'on s'est créés; ensuite parce que la nature de son caractère le porte à

se câbrer quelquefois, à se jeter en dehors de la route, ne s'inquiétant guère de ce qu'il en arrivera, de sorte que vous auriez tous les inconvéniens du système Guizot, sans en avoir l'unité, la fixeté. Mieux vaudrait s'en tenir à ce qui existe, pourtant c'est bien triste, triste à nâvrer le cœur... *Pauvre France!* . . . .

. . . .

Au moment où, avec un sombre pressentiment dont malgré mes efforts je ne pouvais me défendre, je traçais ces derniers mots : *Pauvre France*!

On me rapporte des bruits sourds d'émeute, de complot, de frayeurs qu'on veut vous inspirer, afin de vous montrer tout dissentiment entre le pouvoir et la majorité, comme un signal de désastre et de mort! Ainsi ce serait toujours le vieux système, le système de dégradation morale qui prévaudrait! ce serait toujours cette majorité parlementaire qu'on disciplinerait par la peur de l'émeute, comme à Moscou on assouplit l'esclave par la crainte du knout. Ce serait pire encore que les muets de l'empire : là du moins, si l'on se taisait, c'était devant la gloire..... Quelle est donc l'idée qu'on s'est faite d'un député? Oh! si elle était vrai, si au cri trompeur d'une émeute supposée, il se rencontrait au palais

Bourbon, une majorité pour accepter, pour seconder même un ministère de ruine et de déshonneur; si cette même majorité tremblante pouvait trouver dans sa honteuse peur un bill d'indemnité pour la charte violée, pour le sol de la Belgique livré à la Prusse. Alors je n'aurais plus à vous demander quel sera notre avenir: d'avance, je le vois, comme si temps l'eût déjà rejeté dans le passé, et vous-mêmes, vous l'entrevoyez peut-être aussi bien que moi; mais est-ce donc pour cette œuvre que vous aurez été réunis! députés de la Frence, mandataires chargés d'assurer son repos, vous lui jeteriez des orages et des débris!!!

Dieu nous soit en aide.

A. CRÉBASSOL.

OUVRAGE DU MÊME AUTEUR :

PETITES INSTRUCTIONS POPULAIRES

SUR

LES HOMMES ET LES FAITS DE NOTRE TEMPS.

Prix de la Souscription, 50 *cent. par mois*

Il paraît quatre Livraisons par mois; six ont été déjà publiées.

Paris. — Imprimerie d'Herhan; rue St-Denis, 380.

www.ingramcontent.com/pod-product-compliance
Lightning Source LLC
LaVergne TN
LVHW010339230826
846091LV00009B/3937

9782019235864